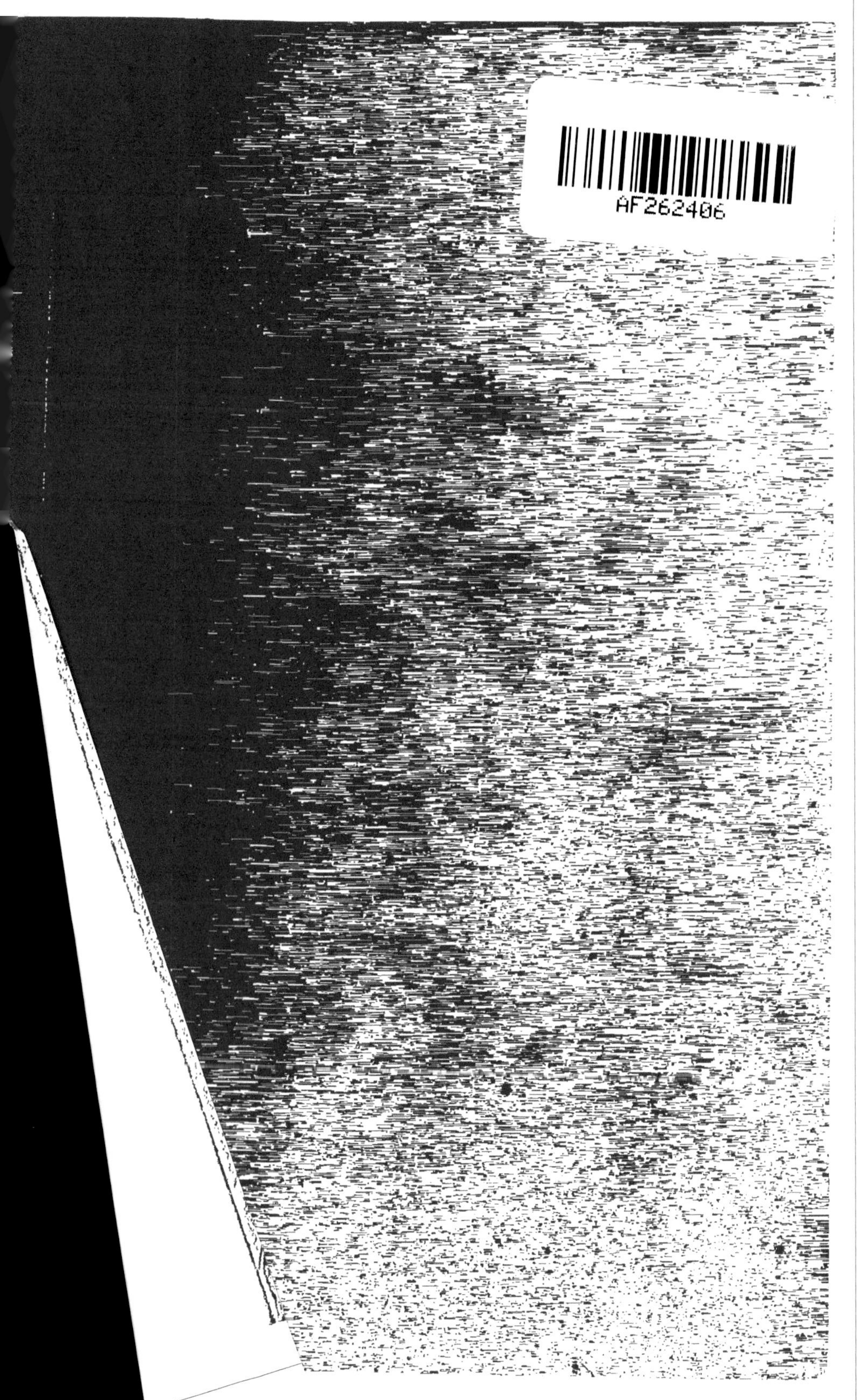
AF262406

DU SURNOM

DE

CAUTOPATES

DONNÉ A MITHRA

SUR UNE INSCRIPTION NOUVELLEMENT DÉCOUVERTE A FRIEDBERG,

PAR

M. DE RING,

AUTEUR DU MÉMOIRE SUR LES ÉTABLISSEMENTS ROMAINS DU RHIN ET DU DANUBE,
PRINCIPALEMENT DANS LE SUD-OUEST DE L'ALLEMAGNE.

PRIX : 75 C.

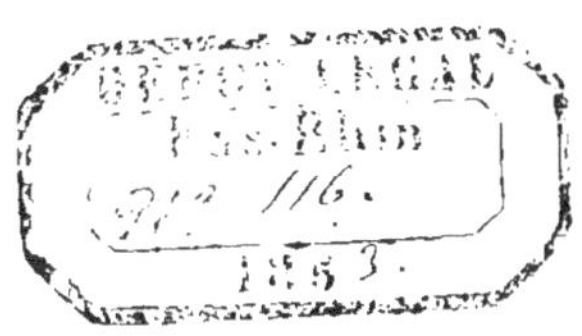

PARIS,

J. TECHENER, PLACE DE LA COLONNADE DU LOUVRE, 20.

TREUTTEL ET WÜRTZ, LIBRAIRES, RUE DE LILLE, 19.

STRASBOURG,

MÊME MAISON, GRAND'RUE, 15.

1853.

STRASBOURG, IMPRIMERIE DE G. SILBERMANN.

A MONSIEUR FÉLIX LAJARD,

MEMBRE DE L'ACADÉMIE DES INSCRIPTIONS ET BELLES-LETTRES.

MONSIEUR,

Qu'il me soit permis de vous offrir ce court Essai sur Mithra et sur un monument qui a rapport à ce dieu, dont vous avez si bien étudié le culte antique. En le faisant, je n'ai point la prétention de vous dévoiler des mystères dont mieux que moi, sans doute, vous avez deviné le sens, mais de vous donner de nouveaux moyens de comparaison et d'étude. Puisse cet hommage que je me plais à vous faire me rappeler à votre bienveillante affection.

Strasbourg. Avril 1853.

M. DE RING.

INSCRIPTION

DE

MITHRA CAUTOPATES.

De nouvelles découvertes viennent chaque jour enrichir le domaine de la science.

J'ai rendu compte, dans mon *Mémoire sur les établissements romains du Rhin et du Danube, principalement dans le sud-ouest de l'Allemagne*, des différents temples de Mithra dont les ruines ont été trouvées sur le Mein, sur le Rhin, sur le Taunus et en avant du Necker. J'ai transcrit les inscriptions les plus remarquables adressées à ce dieu par les soldats des légions sorties de l'Orient, et j'ai surtout fait mention des localités où le mythe astronomique qui le concerne, buriné en relief sur le marbre ou la pierre, gisait au sein des décombres de ces temples. Cette publication est à peine achevée depuis trois mois, que je reçois une nouvelle inscription où le dieu persique est invoqué sous le nom de *Cautopates*, expression doublement intéressante sous le rapport philologique comme sous le rapport religieux.

Cette inscription a été trouvée à Friedberg, petite ville de la Hesse, située en Wetteravie, non loin de l'antique rempart romain. La ville, posée sur l'Esbach, au pied de la chaîne du Hœhe, est dominée par le château où résidaient autrefois les burgraves auxquels elle était tenue, depuis le quinzième siècle, à prêter foi et hommage, après que l'empereur avait confirmé leur élection. Les murs du château, élevés au moyen âge, reposent sur d'antiques constructions romaines, et lorsqu'on fouilla le pied du roc sur lequel il est bâti, l'on découvrit en masse des monnaies, des débris de poteries et d'urnes, des restes de tuyaux en argile pour l'écoulement des eaux, et des briques avec les chiffres de la quatorzième et de la huitième légion, qui toutes deux, comme je l'ai mentionné dans mon Mémoire, ont laissé des traces de leur séjour sur le Taunus. Sur une plaque ronde d'airain était le numéro de la vingt-deuxième légion, et sur une pierre votive, aujourd'hui déposée dans l'église du lieu, le nom d'une cohorte recrutée à Damas, dans la Cœlesyrie[1].

Ces restes prouvent évidemment qu'en arrière du grand rempart qui, comme je l'ai décrit dans mon Mémoire, fermait le pays, et qui, venant de Pohlheim et de Pohlgœnz, passait près de Butzbach et de Kapersbourg pour atteindre Sickelsbourg et Saalbourg, un castel avait aussi été placé en seconde ligne là où plus tard s'éleva le château de Friedberg, qui est nommé pour la première fois dans un document de 1217.

---

[1] *Cohors flavia Damascenorum.*

Une route joignait ce castel à Kapersbourg, et une autre, au nord, par une courbe, ralliait le grand rempart et les fortifications de Butzbach et d'Arnsbourg[1].

L'inscription que les tranchées faites pour la construction du chemin de fer de Francfort à Cassel ont mise à nu tout près de la gare de Friedberg, semblerait prouver qu'à côté du castel romain s'était formé un établissement de quelque importance, à moins cependant que les fondations que la pioche atteignit, et que les circonstances dans lesquelles elles furent vues ne permirent pas d'étudier, mais qui ne peuvent avoir appartenu qu'à un temple ou à une chapelle de Mithra, n'aient point été entourées d'autres bâtiments; ce qui n'est guère probable, vu que dans ces environs mêmes et dans la ville on a aussi trouvé des monnaies, des pierres votives, des statuettes d'argile, des bagues, des gemmes, des boucles d'oreille, des urnes, des lacrymatoires, des lampes mortuaires, etc.

D'après le rapport qui m'a été fait sur la découverte de l'inscription mithriaque, ce fut à douze pieds de profondeur environ qu'elle apparut au sein des restes de murailles antiques, dont on crut reconnaître la porte. En déblayant le terrain pour l'assise des murs nouveaux qui devaient les remplacer, et auxquels les pierres romaines servirent elles-mêmes, l'on vit deux piédestaux encore debout, supportant deux dalles en grés, de 475 millimètres de long sur 135 de large. La première, renversée par les ouvriers,

---

[1] La *Huneburg* et l'*Altenburg*.

fut détruite ; la seconde, quoique aussi fendue en trois morceaux par la pioche, fut conservée. L'une et l'autre de ces dalles supportaient en relief un génie : l'un tenait levé le flambeau, l'autre le tenait renversé, images incontestables des deux génies mithriaques qui, de chaque côté de l'invincible dieu, symbolisaient, sur tous les monuments placés devant l'antre qui lui était consacré, le retour et la disparition de la lumière. Au centre, entre ces deux pierres, furent en effet trouvés les restes d'un autel sur lequel l'observateur qui me transmet ces détails crut reconnaître un bonnet phrygien, coiffure ordinaire de Mithra subjuguant le taureau et régénérant la nature par le sang de l'animal. Les deux génies étaient coiffés du même bonnet et recouverts d'une tunique qui descendait jusqu'aux genoux et ayant au-dessus de l'épaule droite la chlamyde retenue par une agrafe.

La disposition du monument de Friedberg était donc en tout point conforme à celle qu'on a observée à l'entrée de toutes les grottes consacrées à Mithra, où ces génies se retrouvent, le flambeau à la main, ou, plus rarement, fécondant, l'un, la terre par sa semence, et l'autre, montrant, levés dans sa main, les germes que cette semence a produits.

Mithra, le Jupiter céleste des Perses[1], lesquels, comme Hérodote nous l'apprend[2], allaient sur de hautes montagnes sacrifier au ciel et à ses parties

---

[1] Xénophon, *Cyrop.*, p. 233.
[2] Herod., *In Clio*, c. 131.

les plus brillantes, au soleil et à la lune; Mithra qui,
selon Strabon [1], n'était que le soleil symbolisé, vérité
confirmée par Hésychius et Suidas [2], et surtout par
les inscriptions romaines qui nous restent, était
principalement révéré dans la Perse, dans l'Arménie
et dans la Cappadoce, pays d'où son culte se pro-
pagea dans toute l'Asie mineure, et surtout en
Phrygie. Sur les monuments qui le représentent, il
est, tel qu'Apollon, figuré sous les traits d'un beau
jeune homme, et quelquefois avec des ailes, comme
les anges ou intelligences célestes qu'enfanta l'imagi-
nation des Chaldéens. Le taureau est atterré, subju-
gué par le dieu, comme emblème du passage du
soleil dans les étoiles du signe céleste du taureau
qu'il éclipse de ses feux. Les parties sexuelles de
l'animal ont dans tous ces monuments un développe-
ment considérable, et on voit un scorpion s'y atta-
cher pour les dévorer. Or, le scorpion est le signe
opposé au taureau céleste, celui où Typhon, chez les
Égyptiens, tua Osiris et lui ravit les parties sexuelles.
Ce sont donc les deux équinoxes opposés du printemps et de l'automne, les deux temps qui con-
trastent le plus dans la marche périodique de la vé-
gétation que le mythe de Mithra représente. C'est la
génération et l'altération successive des productions
de la nature, le triomphe de la lumière sur les ténèbres, et des ténèbres sur la lumière, ou du bon
principe sur le mauvais, et du mauvais sur le bon,
que les mystérieuses doctrines mithriaques symboli-

[1] Strabon, I. 15, p. 732.
[2] Au mot *Mithra.*

saient. Ce symbole remonte à des siècles bien re-
culés, si l'on réfléchit que les points de l'automne et
du printemps, désignés par les deux signes du taureau et du scorpion, y occupent la position qui exis-
tait dans les cieux plus de trois mille ans avant le
règne d'Auguste, et à une époque qui précéda tous
les cultes où le bélier et l'agneau (car ces deux noms
sont synonymes) ont commencé à jouer un rôle dans
les mystères.

Le jour de la naissance de Mithra, selon le calen-
drier romain qui nous reste de l'époque de Constantin, était marqué au huitième jour avant les calendes
de janvier, c'est-à-dire au 25 décembre[1].

C'était trois mois après, le 25 mars, qu'après
sa mort s'opérait sa résurrection, c'est-à-dire le
triomphe de la nature, ou plutôt du soleil, récréant
l'univers et faisant passer les hommes dans le règne
de la lumière.

Aussi, dans les prières qu'on lui adressait, lui de-
mandait-on de venir apporter le bonheur et la santé[2].
On l'invoquait comme le premier des Izeds célestes[3],
cet Ized qui donne la grande lumière, et comme le
grand roi auquel sont soumis tous les Keswards de
la terre, au nombre de sept. On l'appelait le *Sublime
des Sublimes*[4], le guerrier qui frappait les Dews ou
mauvais génies, compagnons d'Ahriman[5]. Mithra,

---

[1] VIII ante Cal. Jan. N. invicti. CMXXIV. Voy. Petau, *Uranol.*, t. III,
p. 112.

[2] *Zend-Avesta*, t. I, part. 2ᵉ, p. 419.

[3] *Zend-Avesta*, p. 206.

[4] *Zend-Avesta*, p. 215.

[5] *Zend-Avesta*, p. 209.

l'immortel coursier vigoureux[1] qui gardait la partie d'Ormusd, et qui, le premier, avait habité la montagne d'or, Mithra frappait la couleuvre[2] qui désolait le monde d'Ormusd, ainsi que les Dews[3]. Il était pur, il était élevé comme l'astre Taschter; tout son corps brillait de lumière[4].

Or, sur l'un des piédestaux qui ont été retirés des décombres de Friedberg, se lisait l'inscription suivante :

D. I. M.

CAVTOPA✝

Deo invicto Mithræ Cautopati.

Déjà, à des époques reculées, le Dieu *Cautopates* avait été signalé. Au quinzième siècle, on trouva son nom inscrit sur une pierre de Brescia ; depuis, on le lut sur une autre déterrée à Rome ; on le rencontra de nouveau placé sur un autel dans une grotte près d'Aquilée, et enfin sur une pierre trouvée en Transylvanie, à Fejerwar[5]. Sur toutes ces pierres le Dieu n'est désigné que sous le nom de *Cautopates* ou *Gautopates*, sans que ce nom, comme sur l'inscription de Friedberg, y soit placé comme le surnom de Mithra. Cependant la circonstance que, près d'Aquilée, l'autel qui lui était consacré se trouvait placé dans une grotte, et que, sur une autre pierre, le prêtre qui l'avait élevée était désigné sous

---

[1] *Zend-Avesta*, p. 206.

[2] *Zend-Avesta*, p. 204.

[3] *Zend-Avesta*, p. 223.

[4] *Zend-Avesta*, p. 231.

[5] Weissenbourg.

le nom de *Pater patratus* ou *patrum*, épithète qui n'était donnée qu'au patriarche ou chef des pères qui formaient le collége supérieur des prêtres de Mithra, avait avec raison fait penser que le dieu Cautopates ne pouvait être que la grande divinité persique.

Cette opinion est confirmée par l'inscription de Friedberg où le nom et le surnom du dieu sont réunis.

L'antre de Mithra, obscure enceinte par laquelle la philosophie orientale avait voulu exprimer symboliquement la nature ténébreuse de la matière et celle du monde, recélait lui-même les attributs par lesquels l'âme du monde qui éclaire cette matière était elle-même aussi symboliquement représentée. Le lion et le corbeau, tous deux consacrés à Mithra, l'un, comme étant dans les cieux le domicile du soleil; l'autre, comme placé dans le lion avec l'hydre, ornaient l'entrée de l'Adytum où le prêtre seul était admis. C'était Zoroastre (comme l'écrivit Eubule[1]) qui le premier avait consacré un pareil antre, dans les montagnes voisines de la Perse, en l'honneur de Mithra, le père, le modérateur de l'univers, *Cauto-pates*[2], dont la lumière régénérait le monde, et dans

---

[1] Hieron, l. II, *Contra Jovinian.*

[2] Du sanscrit et persique, *pati*, seigneur, maître; *gîti*, univers, monde; à moins cependant que ce nom ne soit un composé des deux mots grecs Καύτης, datif Καύτω, *qui brûle*, *qui embrase*, et πατεῖν (intransitif) *errer*, *marcher*; ce qui désignerait le dieu qui, dans son cours, embrase l'univers, embrasement dont on célébrait la fête à la grande phase solaire ou Pasques, c'est-à-dire, au *Phasè* ou passage du soleil aux régions boréales (*festum transitùs*), fête pour la célébration de laquelle, en Égypte, on marquait tout en rouge. La leçon *Gautopates*,

le sanctuaire duquel on représentait d'une manière mystérieuse aux initiés la descente des âmes ici-bas et leur retour vers les cieux. Un pareil antre fut par la suite choisi dans la nature pour le sanctuaire du dieu, ou artistement creusé, partout où le culte mithriaque s'établit. C'était là qu'on représentait la naissance symbolique de Mithra, auquel les prêtres apportaient l'or, l'encens et la myrrhe consacrés au soleil. Là on pleurait sa mort, on le transportait dans la tombe, et après les chants funèbres, après les gémissements et les plaintes, on allumait le flambeau sacré, et, pour me servir des expressions de Firmicus[1], on exhortait les initiés à *sécher leurs pleurs, les assurant que leur dieu était ressuscité et que leurs peines et leurs souffrances allaient faire leur salut.* L'antre contenait, disposés dans son intérieur et dans un ordre régulier, différents emblèmes relatifs aux constellations et à la division des climats[2]. Une fontaine d'eau lustrale y coulait, nécessaire au baptême des initiés et à leur purification. Dans la célébration des mystères, on représentait, dit Origène[3], le double mouvement des étoiles, celui du premier mobile et celui des planètes; on y figurait le passage de l'âme par les sept sphères, passage auquel servait symboliquement une échelle aux sept portes. La première

en place de *Cautopates*, qui se lit sur plusieurs inscriptions, n'est point une difficulté, vu les nombreux exemples que nous connaissons de la substitution d'une de ces lettres pour l'autre dans les inscriptions romaines.

[1] *De prof. relig.*

[2] Porphyr, p. 108 et 121.

[3] *Contra Celsum*, p. 298.

porte, consacrée à Saturne, était de plomb, la seconde était d'étain, la troisième d'airain, la quatrième de fer, la cinquième de cuivre, la sixième d'argent, la septième enfin, d'or, désignait le soleil.

Or, dans les décombres de Friedberg, à côté du piédestal supportant l'un des bas-reliefs, furent aussi trouvés les restes brisés d'une amphore, lesquels, réunis, laissèrent voir sur ses flancs cette échelle mistique, le scorpion d'automne, et, autour de l'anse, la couleuvre, symbole du serpent céleste, par lesquels les âmes descendaient et se trouvaient précipitées vers les régions inférieures pour être ensuite régénérés avec Mithra dans les sphères supérieures. Nulle part peut-être, dans les lieux où les monuments mithriaques ont été trouvés le plus intacts, autant de circonstances ne s'étaient présentées à l'observateur en rapport avec la tradition que l'antiquité nous a conservée sur le culte de ce dieu.

Quant à l'apparition de ce culte près de l'antique castel romain, il n'a rien que de naturel, d'après l'extension qu'il eut, comme je l'ai rapporté dans mon Mémoire, dans les lieux environnants du Taunus et principalement à Heddernheim, où j'ai donné la description des deux temples qui lui étaient consacrés[1]. Les communications des Romains avec les Asiatiques pendant la guerre de Mithridate et pendant celle que Pompée fit aux pirates, leur avaient donné l'occasion de connaître ces mystères; mais ce

[1] T. I, p. 311 et 312 de mon Mémoire.

fut surtout lorsque les légions se recrutèrent en partie en Asie, que des cohortes d'Ituriens, de Damascènes, qu'une aile de Phrygiens et d'autres troupes furent enrôlées dans les contrées de l'Asie où le culte mithriaque était répandu, qu'avec l'arrivée de ces légions et de ces troupes sur le Rhin, ses mystérieuses doctrines se propagèrent sur ce fleuve. Adrien, sous qui les membres de ce culte étaient déjà très-nombreux, défendit, il est vrai, ses mystères à cause des scènes cruelles dont ces cérémonies donnaient la représentation[1]. Mais Commode prit lui-même part à leur célébration, et sous ses successeurs, et surtout sous Alexandre Sévère qui mena avec lui d'Asie une foule d'auxiliaires Osrhoniens, Parthes et Arméniens, ce culte fit les plus grands progrès dans toute la Germanie romaine.

Les subséquentes irruptions des Allemanes dans cette province après la mort de Maximin et le renversement de toutes les fortifications que Rome avait élevées sur le Taunus, sur le Mein et sur le Necker, amenèrent nécessairement aussi, dès la moitié du troisième siècle, la ruine de tous ces temples et la dispersion de leurs habitants. Au culte solaire de Mithra succéda de nouveau le culte solaire et héroïque d'Odin ou de Wodan, que le christianisme trouva seul encore en honneur lorsqu'il vint à son tour s'implanter sur les anciennes croyances de

---

[1] V. Sur ces cérémonies, *Monument. reliq. ant.*, p. 157. — Tertulien, *De Corona*, c. 15; *De Prescript.*, c. 40, p. 247. — Porphyr, *De Abst.*, 1. 4; *De ant Nymph.*, c. 16. — Hieron., *Ep. ad Læt.* 7. — *Hor. Apoll.*, 1. 1; *Nonn. Schol. ad Greg. Naz.* p. 130-143, etc.

l'Orient et du Nord. Sous l'empire de Constantin et sous le règne suivant, époque où, dit le savant Dupuis dans son *Origine de tous les cultes*, parurent surtout les fêtes et les inscriptions en l'honneur de Mithra, ces fêtes et ces inscriptions avaient déjà disparu sur ce sol.

FIN.

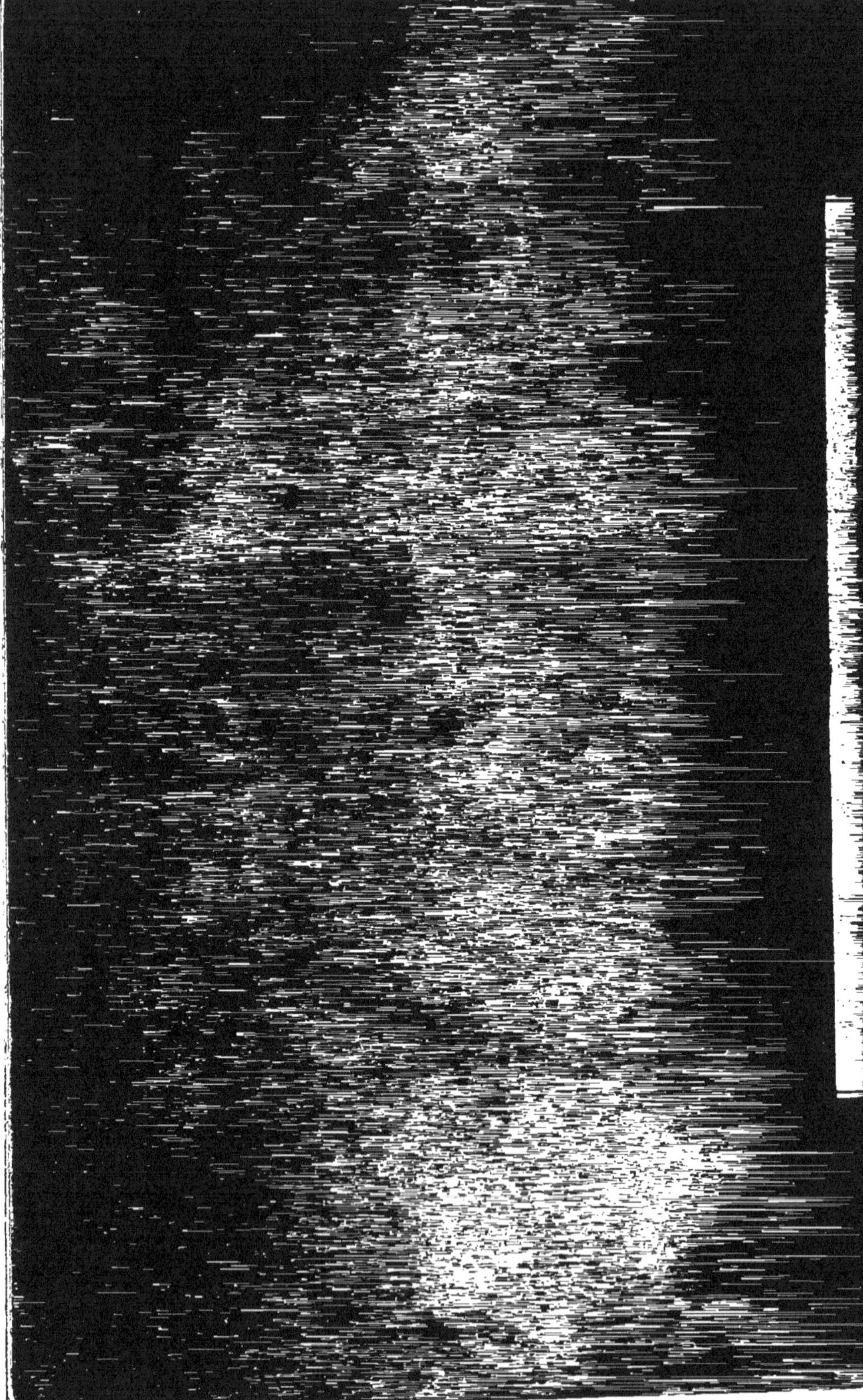